# THÈSE

DE

# LICENCE.

# ACTE PUBLIC

POUR

# LA LICENCE

En exécution de l'Article 4, Titre 2, de la Loi du 22 Ventôse an XII.

SOUTENU

## Par M. DARRIGRAND ( Prosper ),

Né à Capbreton ( Landes ).

**TOULOUSE ,**

**Typographie Troyes OUVRIERS REUNIS ,**
Rue Saint-Pantaléon , 3.

**1859.**

# A MON ONCLE,

Hommage de Reconnaissance et de Respect.

---

## A MES PARENTS.

## A MES AMIS.

# Jus Romanum.

---

## De vulgari et pupillari substitutione.

Substitutio (sub-institutio) heredis institutio, alteri institutioni subjecta, dici potest.

« Potest quis, ait Justinianus, in testamento suo plures gradus heredum facere, ut puta : *Si illi heres non erit, ille heres esto ; et deinceps, in quantum velit testator substituere.* »

Heredes aut instituti dicuntur, aut substituti : instituti, primo gradu : substituti, secundo vel tertio (1).

Justiniani tempore, tribus modis substituere licebat : vulgari, pupillari, et ad exemplum pupillari substitutione.

(1) Dig. lib. XXVIII, tit. VI.

Nobis tantum de vulgari et pupillari substitutione disserendum est.

## De vulgari substitutione.

Cùm testator certum heredem sibi esse vellet, *novissimo loco servum necessarium heredem instituere poterat.* (1).

Si institutus ad hereditatem venerit, nihil valet substitutio. Attamen constituit Tiberius Cæsar substitutum *in partem admissum iri*, cùm testator cum instituto servo, quem patremfamilias arbitrabatur, subjecisset.

Plures uni, vel pluribus unus, vel cuique instituto alius, substituti possunt; sibimetipsis etiam heredes scripti invicem substituuntur.

Substitutione deficientis pars vivis tribuitur, qui testatoris heredes facti sunt. Qui heredibus institutis, etiam post defuncti hereditatis adi-tionem, præferuntur.

Si instituti invicem sibi substituti sint, atque testator vacuam partem non diviserit, vacua pars inter heredes dividenda est, unicuique pro parte quæ ei institutione tribuitur.

Si substituto quis adjiciatur, et instituto substitutus habetur : inde juris præceptum : *Substitutus substituto censetur substitutus instituto.*

Nunc ad pupillarem substitutionem transeamus.

## De pupillari substitutione.

Pupillari substitutione paterfamilias testans heredis institutionem facere potest pro filio impubere, quem in potestate habet.

Ergo substitutio testamentum liberi est, a patre factum.

_______________

(1) Inst. Just. lib. II, tit. XV.

Valet substitutio, si prius moriatur liber quam in suam tutelam venerit.

In Instutionibus Justiniani pupillaris substitutionis exemplum capiamus : « Liberis suis impuberibus quos in potestate quis habet, non solum ita, ut supra diximus, substitucre potest, id est, ut si heredes ei non exstiterint, alius ei sit heres; sed eo amplius, ut si heredes ei exstiterint et adhuc impuberes mortui fuerint, sit eis aliquis heres : veluti si quis dicat hoc modo : *Titius filius meus heres mihi esto; et si filius meus heres mihi non erit, sive heres erit et prius moriatur quam in suam tutelam venerit ( id est , puber factus sit), tunc Seius heres esto.* »

In pupillari substitutione licet longius tempus comprehensum fuerit, tamen finitur substitutio pubertate (1).

Paterfamilias *etiam exheredatis substituere potest* (2), nempe pupillari substitutione non suam, sed filii hereditatem tribuit. Potestate tantum ei confertur jus pupillarem substitutionem faciendi.

In pupillari substitutione vel postumos, qui in potestate sunt, scribere licet.

Si ita quis substituerit : *Si filius meus intra decimum annum decesserit, Seius heres esto* ; deinde hic ante quatuordecimum, post decimum decesserit, magis est, ut non possit bonorum possessionem substitutus petere: non enin videtur in hunc casum substitutus (3).

Quatuor modis evanescit pupillaris substitutio : liberi pubertate ; paterni testamenti infirmatione ; morte filii ante patrem ; et cualicumque capitis diminutione.

(1) Dig. lib. XXVIII, tit. VI.
(2) Inst. Just. lib. II, tit. XVI, § 4.
(3) Dig. lib. XXVIII, tit. VI.

# POSITIONES.

Potestne substitutus cum instituto concurrere?

Non potest.

Cogiturne paterfamilias heredem hunc instituere cui substituit pupillari substitutione?

Non cogitur.

# Code Napoléon.

## Liv. II, Tit. IV.

### Des Servitudes.

(Art 637 à 685.)

Une servitude est une charge imposée sur un héritage pour l'usage et l'utilité d'un héritage appartenant à un autre propriétaire.

La servitude est à la fois une charge et un droit ; elle est donc , comme tout autre droit , une idée complexe.

La servitude, de même que l'obligation , se compose de trois élé-ments : un objet du droit , un sujet actif et un sujet passif. L'objet du droit , c'est un service ; le sujet passif est l'héritage qui le doit ; le sujet actif est l'héritage auquel il est dû.

Tandis que l'usufruit , l'usage et l'habitation sont toujours constitués en faveur des personnes , les servitudes sont toujours , au contraire , constituées en faveur d'immeubles.

L'héritage débiteur de la servitude s'appelle héritage *servant ;* celui auquel elle est due s'appelle héritage *dominant.*

Le Droit Romain reconnaissait deux classes de servitudes, les servitudes *réelles* et les servitudes *personnelles*. Notre Code, tout en admettant les mêmes droits, n'a pas conservé la qualification de *servitudes personnelles*, de crainte de rappeler le souvenir des institutions féodales.

Les servitudes dérivent : ou de la situation naturelle des lieux, ou des obligations imposées par la loi, ou des conventions entre les propriétaires : de là, la division du titre du Code en trois chapitres.

Nous n'avons à nous occuper que des deux premiers.

## CHAPITRE Ier.

### Des servitudes qui dérivent de la situation des lieux.

Ce chapitre traite des eaux, du bornage et de la clôture.

### I. — Des eaux.

En tête de cette matière, la loi réglemente cette nécessité de fait qui assujettit les fonds inférieurs envers les fonds supérieurs, à recevoir les eaux qui en découlent *naturellement et sans que la main de l'homme y ait contribué*. Le propriétaire inférieur ne peut point faire des travaux, élever des digues pour empêcher l'écoulement des eaux qui viennent naturellement du fonds supérieur dans le sien ; et, de son côté, le propriétaire supérieur ne peut rien faire qui aggrave la servitude d'un fonds inférieur.

Le droit Romain admettait, dans l'intérêt de l'agriculture, que le propriétaire d'un fonds supérieur fût autorisé à y pratiquer des rigoles pour l'écoulement des eaux dont le séjour dans le fonds aurait pu nuire à la récolte. Notre Droit n'admet pas ce tempérament, ou plutôt il ne devrait pas l'admettre, si l'on s'en tenait rigoureusement au texte de l'article 640 du Code , que nous avons cité plus haut ; mais si l'on considère l'esprit de la loi , on trouvera qu'il est justifié.

Le propriétaire supérieur a le droit de retenir , pour son utilité, les eaux qui sont dans son fonds. La source qui les produit appartient exclusivement au propriétaire du fonds dans lequel elle se trouve , et il peut en user à sa volonté. Il y a cependant deux exceptions à cette règle.

1o Si le propriétaire du fonds inférieur a acquis le droit à l'eau par acte entre-vifs ou testamentaire , ou bien par une prescription de trente ans, qui courent à partir du jour où il a été fait et terminé , sur le fonds supérieur , des ouvrages apparents destinés à faciliter le cours et la chute de l'eau dans sa propriété.

L'acquisition par la prescription exige plusieurs conditions.

Il faut :

1o Qu'il ait manifesté par des ouvrages l'intention de s'approprier *jure servitutis* le cours d'eau dont il a joui ;

2o Que ces ouvrages facilitent la chute et le cours de l'eau ;

3o Qu'ils soient apparents ;

4o Qu'il ait joui de l'eau pendant un espace de trente ans non interrompu , à compter du moment où le propriétaire du fonds inférieur a fait et terminé les ouvrages destinés à faciliter la chute et le cours de l'eau dans sa propriété ;

2o Si l'eau est nécessaire aux habitants d'une commune , village , ou hameau , l'art. 643 défend au propriétaire d'en changer le cours ; dans ce cas il a droit à une indemnité , à moins que les habitants n'aient acquis ou prescrit l'usage de la source. On ne peut pas invoquer cet article pour les eaux thermales ou médicinales , qui sont protégées par un décret du gouvernement provisoire du 8 mars 1848.

Celui dont la propriété borde une eau courante , qui n'est ni navigable ni flottable , peut s'en servir pour l'irrigation de sa propriété.

Celui dont cette eau traverse l'héritage peut même en user comme bon lui semble , à la charge de la rendre , à la sortie de son fonds , à son cours ordinaire.

Dans les contestations qui s'élèvent entre les propriétaires au sujet des eaux , les tribunaux doivent suivre les réglements de l'autorité administrative, et concilier l'intérêt de l'agriculture et de l'industrie avec le respect dû à la propriété.

## II. — *Du bornage.*

Tout propriétaire peut obliger son voisin au bornage de leurs propriétés contiguës. Ce bornage , qui consiste ordinairement dans le placement de pierres sur la ligne séparative des deux fonds , se fait à frais communs. Il est souvent précédé de l'arpentage , destiné à déterminer la contenance et la limite des deux fonds. Les frais d'arpentage doivent être supportés proportionnellement à l'étendue des héritages.

Quand le bornage ne se fait pas à l'amiable , l'action en bornage doit être portée devant un tribunal de première instance ou devant un tribunal de paix , suivant que la propriété est ou non contestée. La compétence des juges de paix en matière de bornage a été réglée par la loi du 25 mai 1838.

## III. — *De la clôture.*

Tout propriétaire peut clôre son héritage, excepté cependant quand un droit de passage est nécessaire à des fonds enclavés.

La faculté de se clôre est une conséquence du droit de propriété , celui qui en use ne fait que se servir de la chose dans les limites de son droit de propriété ; aussi , au lieu de la qualifier de servitude, la loi aurait-elle pu , à plus juste titre, l'appeler contre-servitude.

« Le propriétaire qui veut se clôre, perd son droit au parcours et à la » vaine pâture, en proportion du terrain qu'il y soustrait. »

Le droit de se clôre a ses limites. Il n'est point permis de clôre les héritages grevés d'une servitude de passage, fondée sur un titre, ou sur le principe consacré par l'article 682.

La même prohibition s'applique au cas où il existe entre *deux particuliers* un droit de vaine pâture *fondé sur un titre.*

# CHAPITRE II.

## Des servitudes établies par la loi.

Les servitudes établies par la loi ont pour objet :
1º L'utilité publique , ou l'utilité de l'Etat ;
2º L'utilité communale ;
3º L'utilité des particuliers.

Les servitudes établies pour l'utilité publique et pour l'utilité communale sont celles qui ont pour objet le marche-pied le long des rivières navigables ou flottables , la construction ou réparation des chemins et autres ouvrages publics ou communaux : elles sont du ressort du droit administratif.

Les servitudes établies pour l'utilité des particuliers sont celles qui assujettissent les propriétaires à différentes obligations, ou les grève de ecrtaines charges l'un à l'égard de l'autre, indépendamment de toute convention. Les unes sont réglées par les lois sur la police rurale ; les autres par le Code Napoléon. Celles-ci sont relatives : 1º aux murs , aux haies et aux fossés mitoyens ; 2º au cas où il y a lieu à contre-mur. 3º aux vues sur la propriété du voisin ; 4º à l'égout des toits , et 5º au droit de passage.

### SECTION I.

*De la mitoyenneté du fossé et de la haie , et de la distance pour la plantation des arbres.*

1º. *Du mur mitoyen.* — Tout mur servant de séparation, soit entre deux terrains enclos , soit entre deux bâtiments , est présumé mitoyen, dans le premier cas, pour toute sa hauteur ; dans le second, jusqu'au toit le moins élevé.

Mais cette présomption tombe, soit devant la preuve résultant d'un titre , soit devant la prescription qui résulte au profit d'un des voisins, de l'une de ces trois circonstances : 1° que le dessus du mur , non muni d'un chaperon , n'a d'inclinaison que vers son terrain ; 2° que le chaperon n'est également incliné que de son côté ; 3° que le mur ne présente que de son côté des corbaux , c'est-à-dire des pierres assises dans l'épaisseur du mur et faisant saillie.

Si la présomption de non-mitoyenneté résultant de ces indices était contredite par un titre qui déclarerait le mur mitoyen , ou même l'attribuerait en entier à l'autre propriétaire , il est évident que le titre l'emporterait , une présomption devant toujours tomber devant une preuve contraire.

Les réparations et constructions du mur mitoyen sont à la charge des propriétaires dans la proportion du droit de chacun. Mais celui dont le mur mitoyen ne soutient pas des bâtiments qui lui appartiennent , peut se dispenser de contribuer aux réparations et reconstructions , en abandonnant sa part de mitoyenneté.

Quand les co-propriétaires d'une maison en ont chacun reçu un étage pour leur part , leurs obligations respectives sont réglées par le Code Napoléon , quand elles ne l'ont pas été par la convention de la manière suivante : Le propriétaire de chaque étage fait le plancher sur lequel il marche ; le propriétaire du premier étage fait l'escalier qui y conduit , celui du second étage fait , à partir du premier , l'escalier qui conduit chez lui , et ainsi de suite. Les gros murs et le toît sont à la charge de tous les propriétaires, proportionnellement à la valeur de l'étage de chacun.

Tout co-propriétaire d'un mur mitoyen peut , sans qu'il ait besoin d'en prévenir son voisin , faire bâtir contre le mur mitoyen , y faire placer des poutres ou solives dans toute l'épaisseur du mur, à cinquante-quatre millimètres près , sans préjudice du droit qu'a le voisin de faire réduire à l'ébauchoir la poutre jusqu'à la moitié du mur , dans le cas où il voudrait lui-même asseoir des poutres dans le même lieu ou y adosser une cheminée ; faire exhausser le mur dont il veut se servir pour y adosser une construction ou tout autre ouvrage, mais à ses frais et en indemnisant le voisin à raison de la surcharge ; ou si le mur ne peut pas supporter l'exhaussement, en le reconstruisant à ses frais et en prenant de son côté l'excédant d'épaisseur. Le voisin qui n'a pas contribué à l'exhaussement peut en acqnérir la mitoyenneté en payant une indemnité.

Lorsque le propriétaire, joignant un mur sur lequel il n'a aucun droit, veut en acquérir la mitoyenneté, il le peut en payant la moitié de sa valeur et la valeur entière du sol jusqu'à la moitié du mur.

Dans les villes et faubourgs, chaque propriétaire peut contraindre son voisin à contribuer aux constructions et réparations de la clôture qui sépare leurs maisons, cours et jardins. La hauteur jusqu'à laquelle chacun peut forcer son voisin à contribuer, est déterminée par les réglements ou les usages constants de la localité ; et à défaut d'usages constants, elle doit être de vingt-six décimètres dans les villes de moins de 50,000 âmes, et de trente-deux décimètres dans les autres.

2. *Du fossé mitoyen.* — Le fossé qui sépare deux héritages clos ou non clos, est réputé mitoyen, si le contraire ne résulte d'un titre, ou de cet indice, que le rejet de la terre se trouve d'un seul côté ; celui du côté duquel se trouve le rejet est présumé propriétaire exclusif. Ici encore, la présomption qui naît de cet indice tombe devant un titre contraire.

Il va sans dire que le fossé mitoyen doit être entretenu à frais communs.

3. *De la haie mitoyenne.* — Toute haie séparant deux héritages, pourvu que ces héritages soient clos l'un et l'autre, est présumée mitoyenne. Ici encore, comme pour les murs et les fossés, la présomption de mitoyenneté cesserait devant la prescription, ou devant l'acte qui établirait le contraire.

Les arbres qui se trouvent dans la haie mitoyenne sont mitoyens comme elle. En conséquence, l'ébranchage et la récolte se font à frais communs entre les deux propriétaires, et les produits se partagent en-

tre eux par moitié. Chacun des deux propriétaires a le droit de requérir qu'ils soient abattus.

Le propriétaire d'un terrain ne peut y planter ni y laisser croître des
arbres à haute tige qu'à la distance fixée par les réglements ou usages
locaux, et à défaut de réglements et usages, qu'à la distance de deux
mètres du fonds voisin. La distance n'est que d'un demi-mètre pour
les autres arbres et les haies vives. Il peut exiger que les arbres et
haies vives plantés à une moindre distance, et n'ayant pas trente ans,
soient arrachés. Il peut aussi faire couper les branches qui avancent
sur son fonds, alors même qu'elles auraient commencé à le couvrir
depuis plus de trente ans. Si ce sont les racines qui avancent sur son
héritage, il a le droit de les couper lui-même.

## Section II.

*De la distance des ouvrages intermédiaires requise pour certaines constructions.*

Un propriétaire ne peut faire sur son fonds aucun travail de nature à
porter atteinte aux droits du voisin, qu'en accomplissant les mesures
de précaution indiquées par les réglements ou usages locaux. Il doit se
conformer à ces réglements pour établir près d'un mur, mitoyen ou non,
un puits, une fosse d'aisance, une cheminée, un âtre, une forge, un
four ou fourneau, une étable, un magasin de sel ou un amas de matières corrosives.

## Section III.

*Des vues sur la propriété du voisin.*

Le copropriétaire d'un mur mitoyen ne peut, sans le consentement
de l'autre, y pratiquer aucune fenêtre ou ouverture. Mais le propriétaire

exclusif d'un mur joignant immédiatement l'héritage d'autrui peut y avoir des jours ou des vues sous les conditions suivantes : il faut 1o que ces jours soient garnis d'un treillis de fer, à mailles d'un décimètre d'ouverture au plus ; 2o que la lumière soit tirée au moyen d'un verre fixé à un châssis non mobile ; 3o que la partie inférieure de l'ouverture soit au moins à vingt-six décimètres au dessus du plancher ou du sol de la chambre qu'on veut éclairer, si c'est au rez-de-chaussée, et à dix-neuf décimètres pour les étages supérieurs.

## SECTION IV.

### *De l'égout des toits.*

Tout propriétaire doit établir ses toits de manière que les eaux pluviales s'écoulent sur son terrain ou sur la voie publique ; il n'a pas le droit de faire découler sur la propriété de son voisin, qui n'est pas astreint à recevoir les eaux rassemblées artificiellement.

## SECTION V.

### *Du droit de passage.*

Quand un fonds se trouve enclavé, le propriétaire a le droit de réclamer, moyennant indemnité, un passage sur l'un des fonds voisins.

Il y a enclave quand le fonds n'a pas d'issue sur la voie publique.

Ce passage doit se prendre sur le point où le trajet est le plus court et le moins dommageable à celui qui le fournit.

S'il avait exercé continuellement le passage pendant trente ans, il aurait prescrit l'indemnité, et pourrait continuer de l'exercer sans rien payer à l'autre propriétaire.

## POSITIONS.

I. Les servitudes peuvent-elles être constituées en faveur des personnes ? — Non.

II. Une source appartient-elle toujours exclusivement au propriétaire du fonds dans lequel elle se trouve? — Non.

III. La prescription dont parle l'art. 643 peut-elle s'appliquer aux eaux thermales ou médicinales? — Non.

IV. La présomption de mitoyenneté tombe-t-elle toujours devant la preuve résultant d'un titre? — Oui.

V. Le fossé mitoyen doit-il toujours être entretenu à frais communs? — Oui.

VI. Le propriétaire dont le terrain est incliné, est-il astreint à retenir l'eau sur lui ? — Non.

# Droit Commercial.

## Faillites et banqueroutes.

*Des différentes espèces de créanciers.  — De la revendication.*

### DISPOSITIONS GÉNÉRALES.

La faillite est l'état d'un commerçant qui a cessé ses paiements. La cessation de paiements seule constitue la faillite.

Les auteurs décident assez généralement qu'il ne faut pas comprendre au nombre des actes servant à établir cette cessation le refus, de la part du débiteur, d'acquitter des engagements purement civils. Quelques-uns cependant s'appuient sur la lettre du Code, qui ne distingue pas si les engagements sont commerciaux ou civils, pour soutenir le contraire. L'opinion des premiers nous paraît préférable.

3

*De la déclaration de la faillite et de ses effets*

Tout failli est tenu, aux termes des articles 438 et 439, de faire, dans les trois jours de la cessation de ses paiements, la déclaration de cette cessation. L'article 439 dispose que cette déclaration doit être accompagnée du dépôt de son bilan, ou contenir l'indication des motifs qui l'ont empêché de le déposer. Par suite de cette déclaration, le tribunal de commerce rend un jugement qui déclare la faillite, et détermine, en outre, l'époque à laquelle a eu lieu la cessation de paiements.

L'article 42 du Code de commerce ordonne la publication de ces jugements.

Dès que le jugement déclaratif de faillite est rendu, le failli n'a plus l'administration de ses biens, qui est confiée à des syndics.

Toute action doit alors être suivie ou intentée contre les syndics de la faillite. Le failli ne peut intenter que celles qui sont exclusivement attachées à sa personne.

Toute voie d'exécution sur ses meubles ou sur ses immeubles est suspendue, en vertu de l'article 443.

Le jugement déclaratif de la faillite rend exigibles toutes les dettes du failli; mais cette exigibilité n'a lieu qu'à l'égard du failli.

Les actes translatifs de propriété à titre gratuit, les paiements pour dettes non échues, et tous les actes à titre onéreux, passés dix jours avant ou après la cessation de paiements, sont nuls, en vertu de la loi de 1838.

Les droits de privilége et d'hypothèque valablement acquis peuvent être inscrits jusqu'au jour du jugement déclaratif de faillite.

L'article 448 confère aux tribunaux le pouvoir de déclarer nulles les inscriptions prises après l'époque de la cessation des paiements, ou dans les dix jours qui précèdent, lorsqu'il s'est écoulé plus de quinze jours entre la date de l'acte constitutif de l'hypothèque ou du privilége et celle de l'inscription.

### De la nomination du juge-commissaire.

Un juge-commissaire, choisi parmi les membres du tribunal de commerce, doit être nommé par le jugement déclaratif de faillite. Il a pour mission de surveiller et d'accélérer les opérations de la faillite.

### De l'apposition des scellés et des premières dispositions à l'égard de la personne du failli.

Par le jugement déclaratif, le tribunal ordonne l'apposition des scellés sur les magasins, comptoirs, meubles et effets du failli, et son dépôt dans une maison-d'arrêt, ou la garde de sa personne, s'il ne s'est pas conformé aux dispositions des art. 438 et 439.

Sur la proposition du juge-commissaire, le tribunal peut, quand il a ordonné l'arrestation du failli, lui accorder sa mise en liberté.

### De la nomination et du remplacement des syndics provisoires.

Le tribunal de commerce doit nommer, par le jugement déclaratif, un ou plusieurs syndics provisoires. Ces syndics, qui ne doivent être ni parents, ni alliés du failli au quatrième degré, ont pour mission de veiller à l'exécution des premières mesures, et de commencer les opérations les plus urgentes de la faillite.

Le tribunal nomme ensuite des syndics définitifs.

### Des fonctions des syndics.

Les syndics sont les représentants de la masse et du failli. Ils sont tenus *in solidum* par suite de leur administration collective.

Après avoir extrait des scellés les objets énumérés dans les articles 469 et 471 , les syndics doivent requérir la levée des scellés et procéder à l'inventaire.

*Du concordat et de l'union.*

Le concordat ( qui est un traité formé entre le failli et ses créanciers ) ne peut être établi que par le concours d'un nombre de créanciers formant la majorité des créanciers présents à la délibération et représentant , en outre, les trois-quarts au moins des créances vérifiées.

Quand il n'est point consenti de concordat , ou lorsque celui qui a été consenti est annulé , les créanciers sont de plein droit en état d'union.

Ils s'unissent alors pour procéder à la liquidation définitive de l'actif du failli.

*Des différentes espèces de créanciers.*

Les créanciers porteurs d'engagements solidaires entre le failli et d'autres co-obligés qui sont en faillite , peuvent requérir leur admission dans toutes les masses jusqu'à leur parfait paiement.

Les créanciers garantis par un cautionnement sont compris dans la masse , sous la déduction des sommes qu'ils ont reçues de la caution ; la caution peut se présenter dans la même masse pour tout ce qu'elle a payé à la décharge du failli.

Le Code de Commerce règle les droits des créanciers nantis de gages , des créanciers privilégiés sur les meubles , des créanciers hypothécaires et privilégiés sur leurs immeubles , et ceux des femmes auxquels il apporte des restrictions notables.

*De la revendication.*

On peut revendiquer , c'est-à-dire réclamer et reprendre , en cas de faillite , les remises en effets de commerce dans certains cas déterminés par les articles 583 et 584.

On peut revendiquer aussi longtemps qu'elles existent en nature , en tout ou en partie , les marchandises déposées ou consignées au failli pour être vendues.

Le vendeur non payé peut aussi revendiquer les marchandises par lui vendues et livrées, quand elles sont encore en route , soit par terre, soit par eau , et qu'elles ne sont pas parvenues à la disposition du failli. Il faudra , pour qu'il puisse exercer la revendication , qu'il prouve d'abord l'identité des marchandises.

### Des banqueroutes.

Les commerçants en état de cessation de paiements peuvent seuls être en état de banqueroute.

On distingue deux espèces de banqueroute : la banqueroute simple (délit), qui est jugée par les tribunaux correctionnels et punie d'un mois à deux ans d'emprisonnement ; et la banqueroute frauduleuse (crime), qui est jugée par la cour d'assises , et est punie des travaux forcés à temps.

### Banqueroute simple.

La banqueroute simple doit être déclarée, toutes les fois que le failli a compromis les intérêts de ses créanciers en faisant des dépenses excessives ; en perdant de fortes sommes au jeu ; en faisant des achats pour revendre au dessous du cours , en payant un créancier au préjudice de la masse.

Elle peut l'être dans les cas moins grands énumérés dans l'article 586.

### Banqueroute frauduleuse.

Il y a banqueroute frauduleuse dans les trois cas suivants : 1o. quand le failli a soustrait ses livres ; 2° quand il a détourné ou dissimulé une partie de son actif ; 3° quand il a frauduleusement exagéré son passif.

Les frais de poursuite en banqueroute frauduleuse ne peuvent jamais être mis à la charge de la masse.

Sont condamnés aux peines de la banqueroute frauduleuse, tous individus, sans en excepter la femme du banqueroutier, qui sont convaincus de s'être entendus avec celui-ci pour recéler, soustraire ou dissimuler tout ou partie de ses biens meubles et immeubles, ou bien d'avoir acquis sur lui des créances fausses, et qui, lors de la vérification de ces créances, les ont affirmées sincères et véritables.

Alors même qu'ils sont acquittés, les juges peuvent ordonner la réintégration à la masse des objets détournés.

## POSITIONS.

I. Faut-il comprendre au nombre des actes servant à établir la cessation de paiement le refus, de la part du débiteur, d'acquitter des engagements purement civils ? — Non.

II. Le jugement déclaratif de faillite rend-il exigibles toutes les dettes du failli ? — Oui.

III. Peut-on toujours établir un concordat ? — Non.

IV. Faut-il avoir cessé ses paiements pour être en état de banqueroute ? — Oui.

# Droit Administratif.

## Des conflits.

Il y a deux espèces de conflits : le *conflit positif* et le *conflit négatif*.

On distingue le *conflit de juridiction* et le conflit d'attribution. Le premier existe lorsque deux autorités du même ordre (ou judiciaire ou administratif) tombent en contradiction l'une avec l'autre sur leur propre compétence; le second a lieu entre l'autorité administrative et l'autorité judiciaire.

Le conflit positif se présente quand l'autorité administrative revendique la connaissance d'un différend qui est pendant devant l'autorité judiciaire.

Il y a conflit négatif quand l'autorité administrative et l'autorité judiciaire se déclarent toutes deux incompétentes pour connaître d'un différend.

« Le conflit, dit M. de Cormenin, a été institué dans un but d'ordre public, pour maintenir la distinction, la séparation et l'indépendance pleine et réciproque des matières et fonctions administratives et judiciaires. » Il doit donc être élevé quand l'autorité judiciaire se trouve saisie d'une contestation qui est, en entier ou en partie, de la compétence administrative.

Les conflits sont jugés par le Conseil d'Etat. Le conflit positif est élevé par le préfet; le conflit négatif est vidé sur la demande de la partie la plus diligente.

Une ordonnance du 1er juin 1828, pour empêcher l'abus des conflits, a fixé les cas dans lesquels ils peuvent être élevés, et les formalités qu'on doit observer pour les former.

Une autre ordonnance du 12 mars 1831 règle la marche de l'instruction au Conseil d'Etat.

Nous allons analyser en quelques mots ces deux ordonnances, sur lesquelles reposent la procédure en conflit devant le tribunal à dessaisir et l'instruction du conflit devant le Conseil d'Etat.

*Procédure en conflit devant le tribunal à dessaisir.*

Les formalités en matière de conflit ont pour objet de dessaisir le tribunal ou de provoquer la décision du Conseil d'Etat.

Lorsqu'une contestation, portée devant les tribunaux judiciaires, paraîtra au préfet rentrer dans les attributions de l'autorité administrative, il pourra, quand bien même l'administration ne serait pas en cause, décliner la compétence judiciaire.

Il devra adresser au procureur impérial près le tribunal saisi un mémoire dans lequel sera rapportée la disposition de loi qui saisit l'administration de la connaissance du différend.

Le procureur impérial portera le mémoire du préfet à la connaissance du tribunal, et requerra le renvoi s'il lui paraît fondé. Le tribunal doit alors se prononcer sur sa propre compétence.

Cinq jours après que le tribunal s'est prononcé sur sa compétence, le procureur impérial doit adresser au préfet copie de ses conclusions et du jugement intervenu. Ou le déclinatoire est admis, et alors il n'y a pas conflit, ou il est rejeté, et le préfet, dans la quinzaine de l'envoi du procureùr impérial, élève le conflit.

Le préfet doit, à peine de nullité, viser, dans l'arrêté qui élève le conflit, le jugement intervenu, et y insérer textuellement la disposition législative qu'il invoque pour revendiquer la connaissance du litige. L'arrêté et le jugement visés sont déposés au greffe du tribunal saisi de l'affaire. Ce dépôt doit avoir lieu dans la quinzaine de l'arrêté, sous peine c déch éance du conflit.

Instruction au conseil d'Etat.

Le procureur impérial envoie au ministre de la justice l'arrêté du préfet. Il y joint ses observations, celles des parties et toutes les pièces relatives au conflit. Le ministre, dans les vingt-quatre heures qui suivent leur réception, en donne connaissance au procureur impérial, et transmet le dossier au conseil d'Etat.

Le conseil d'Etat prononce dans les deux mois, notifie sa décision dans le mois suivant, sans toutefois qu'il y ait déchéance, si la notification est faite plus tard.

Si le conflit est annulé, la procédure judiciaire reprend son cours ; si, au contraire, il est approuvé, l'autorité judiciaire est dessaisie au profit de l'autorité administrative.

## POSITIONS.

Le défaut de dépôt au greffe de l'arrêté du préfet élevant le conflit et du jugement du tribunal visé par ce fonctionnaire, dans la quinzaine de l'arrêté, entraîne-t-il la déchéance du conflit? — Oui.

Y a-t-il déchéance du conflit quand le conseil d'Etat ne notifie pas sa décision dans le troisième mois ? — Non.

Cette Thèse sera soutenue, en séance publique, dans une des salles de la Faculté, le 16 Avril 1859.

*Vu par le Président de la Thèse,*

**CHAUVEAU-ADOLPHE.**

TOULOUSE, IMPRIMERIE TROYES OUVRIERS RÉUNIS, RUE ST.-PANTALÉON, 5.